BEI GRIN MACHT SICH IHR WISSEN BEZAHLT

- Wir veröffentlichen Ihre Hausarbeit, Bachelor- und Masterarbeit

- Ihr eigenes eBook und Buch - weltweit in allen wichtigen Shops

- Verdienen Sie an jedem Verkauf

Jetzt bei www.GRIN.com hochladen und kostenlos publizieren

Gerd Berner

Franz Kafka, Eine kaiserliche Botschaft - Ausführliche Interpretation mit Sekundärliteratur

GRIN Verlag

Bibliografische Information der Deutschen Nationalbibliothek:

Die Deutsche Bibliothek verzeichnet diese Publikation in der Deutschen National-
bibliografie; detaillierte bibliografische Daten sind im Internet über http://dnb.d-
nb.de/ abrufbar.

Impressum:

Copyright © 2012 GRIN Verlag GmbH
Druck und Bindung: Books on Demand GmbH, Norderstedt Germany
ISBN: 978-3-656-15292-7

Dieses Buch bei GRIN:

http://www.grin.com/de/e-book/189436/franz-kafka-eine-kaiserliche-botschaft-
ausfuehrliche-interpretation

Franz Kafka, Eine kaiserliche Botschaft
Versuch einer Interpretation – für Schüler und Studenten,
zusammengestellt von Gerd Berner, M. A., StD a. D.

1 Der Kaiser – so heißt es – hat dir, dem Einzelnen, dem jämmerlichen Untertanen,
2 dem winzig vor der kaiserlichen Sonne in die fernste Ferne geflüchteten Schatten,
3 gerade dir hat der Kaiser von seinem Sterbebett aus eine Botschaft gesendet.
4 Den Boten hat er beim Bett niederknien lassen und ihm die Botschaft ins Ohr ge-
5 flüstert; so sehr war ihm an ihr gelegen, dass er sich sie noch ins Ohr wiedersa-
6 gen ließ. Durch Kopfnicken hat er die Richtigkeit des Gesagten bestätigt. Und vor
7 der ganzen Zuschauerschaft seines Todes – alle hindernden Wände werden nie-
8 dergebrochen und auf den weit und hoch sich schwingenden Freitreppen stehen
9 im Ring die Großen des Reichs – vor allen diesen hat er den Boten abgefertigt.
10 Der Bote hat sich gleich auf den Weg gemacht; ein kräftiger, ein unermüdlicher
11 Mann; einmal diesen, einmal den anderen Arm vorstreckend schafft er sich Bahn
12 durch die Menge; findet er Widerstand, zeigt er auf die Brust, wo das Zeichen der
13 Sonne ist; er kommt auch leicht vorwärts, wie kein anderer. Aber die Menge ist so
14 groß; ihre Wohnstätten nehmen kein Ende. Öffnete sich freies Feld, wie würde er
15 fliegen und bald wohl hörtest du das herrliche Schlagen seiner Fäuste an deiner
16 Tür. Aber statt dessen, wie nutzlos müht er sich ab; immer noch zwängt er sich
17 durch die Gemächer des innersten Palastes; niemals wird er sie überwinden; und
18 gelänge ihm dies, nichts wäre gewonnen; die Treppen hinab müsste er sich käm-
19 pfen; und gelänge ihm dies, nichts wäre gewonnen; die Höfe wären zu durchmes-
20 sen; und nach den Höfen der zweite umschließende Palast; und wieder Treppen
21 und Höfe; und wieder ein Palast; und so weiter durch Jahrtausende; und stürzte
22 er endlich aus dem äußersten Tor – aber niemals, niemals kann es geschehen -
23 liegt erst die Residenzstadt vor ihm, die Mitte der Welt, hochgeschüttet voll ihres
24 Bodensatzes. Niemand dringt hier durch und gar mit der Botschaft eines Toten. –
25 Du aber sitzt an deinem Fenster und erträumst sie dir, wenn der Abend kommt.[1]

„In dem berühmt gewordenen kleinen Häuschen in der Alchimistengasse, das sich auf dem Hradschin an die Schlossmauer schmiegt, führt Kafka im Winter 1916/ 17 ein inselhaftes nächtliches Schreibleben, wobei er in der parabelhaften kleineren Erzählkunst zu den paradoxen Gleichnissen seiner Lebens- und Daseinsanschauun-gen gelangt.“[2] Zu den dort entstandenen Geschichten gehört neben dem „Kübel-reiter“, dem „Brudermord“, dem „Schlag ans Hoftor, „Auf der Galerie“, dem „Nächsten Dorf“ und dem „Nachbarn“ auch die Parabel „Eine kaiserliche Botschaft“.

Diese findet sich im Kontext der unvollendeten Erzählung „Beim Bau der chinesischen Mauer“, wurde aber von Kafka herausgelöst und 1919 als Einzeltext veröffentlicht. In der Geschichte über den Mauerbau berichtet ein Ich-Erzähler vom Bau dieser Mauer und legt deren und dessen Bedeutung offen. Er ist als beteiligter Bauführer zugleich erzählte und erzählende Figur und nennt die „kaiserliche Bot-schaft“ eine „Sage“, die das „Verhältnis“ zwischen dem Kaiser und dem Volk beleuchte.[3]

Hier in der Parabel tauchen weder China noch der Mauerbau auf, auch weist das „Zeichen der Sonne“ (Z. 12/ 13) weniger auf China hin, das sich als Wappentier des Drachens bedient, sondern eher auf den japanischen Tenno. Schlingmann folgert da-

1

raus, dass Kafka mit der „Sage" nicht so sehr die geschichtliche Wahrheit, sondern mehr die Schaffung einer offenen Parabel intendiert habe, „deren Bildhälfte – die ihren Empfänger nie erreichende Botschaft eines Toten – auf eine Sachhälfte verweist, welche jeder einzelne Leser in sich selbst finden kann."[4]

Hartmut Binder nennt „Eine kaiserliche Botschaft" in seinem Kafka-Handbuch eine „schwer deutbare", aber „häufig interpretierte Geschichte"[5] , und Peter Bekes sagt mit Recht, „für die Interpretation des Textes im Unterricht" sei „es daher wichtig, dessen Kontext zu beschreiben und zumindest ansatzweise zu erläutern."[6] Eine ähnliche Meinung vertritt die Freiburger Germanistin Barbara Neymeyr, sie vergleicht „Eine kaiserliche Botschaft" mit „Vor dem Gesetz" und stellt fest, beide Parabeln seien nicht nur selbständige Kurztexte, sondern auch „integrale Bestandteile einer größeren Einheit", nämlich einmal des Romans „Der Proceß" und dann der Erzäh-lung „Beim Bau der chinesischen Mauer". Folglich hätten beide Parabeln dort eine kontextuelle beispielhafte Funktion, „weil sie durch die bildhafte Darstellung einer uni-versellen Aporie wesentliche Sinndimensionen des Gesamttextes besonders präg-nant gestalten."[7]

Gleichwohl möchte ich „Eine kaiserliche Botschaft", die mir „am Beispiel historisch entrückter Bereiche das Ausbleiben sozialer Kommunikation"[8] zu reflektieren scheint, zunächst ohne den Kontext zu deuten versuchen.

Der einleitende Satz „so heißt es" (Z. 1) zeigt, dass die Existenz des Kaisers als sehr ungesichert angesehen werden muss. Verstärkt wird dieser Eindruck dadurch, dass Kafka den in der längeren Erzählung in Kommata eingekleideten Einschub in der Parabelfassung durch eine Parenthese hervorgehoben hat: das Volk vermutet eben bloß einen weit im geschichtlichen Dunkel befindlichen Kaiser, „wenn es ihn denn überhaupt gegeben hat."[9]

Die Erzählerrede der Zeilen 1-9 berichtet, dass der sterbende Kaiser einer anderen erzählten Figur, die in den Formen der 2. Person Singular des Personalpronomens als „du" (Z. 15 und 25) bzw. „dir" (Z. 1 und 3) erscheint, „eine Botschaft gesendet"   (Z. 3) habe. Deren Empfänger wird durch drei Appositionen näher gekennzeichnet: er ist ein jämmerlicher Untertan, der „in die fernste Ferne" geflüchtet ist und als schattenhaftes Wesen von der Existenz „der kaiserlichen Sonne" (Z. 2) lebt. Allerdings wird das Machtgefälle zwischen dem Kaiser und dem nichtigen Untertanen etwas relativiert, da er als Einziger zum Empfänger der Botschaft bestimmt ist und ihm diese Singularität eine „besondere Dignität"[10] verleiht. Seine Besonderheit wird noch durch die emphatische Repetitio des Dativobjekts „gerade dir" (Z. 3) hervorge-hoben. Die Botschaft muss wichtig gewesen sein; denn der Narrator erzählt, der Bote habe „niederknien" müssen, der Kaiser habe sie ihm „ins Ohr geflüstert", der Bote habe sie ihm „ins Ohr wiedersagen" müssen und er habe „durch Kopfnicken ... die Richtigkeit des Gesagten bestätigt." (Z. 4-6) Am Ende des ersten Sinnabschnittes hebt der Erzähler noch einmal die Bedeutung der Botschaft dadurch hervor, dass er betont, bei der Abfertigung des Boten seien „die Großen des Reichs" (Z. 9) als „Zuschauerschaft seines Todes" (Z. 7) und Zeugen für die auf den Weg geschickte Botschaft zugegen gewesen.

Bis dahin überwiegt beim Satzbau die Parataxe, es gibt nur einen konsekutiven Gliedsatz, als der Kaiser, um die Wichtigkeit des von ihm Gesagten hervorzuheben, sich den Inhalt „noch ins Ohr wiedersagen ließ" (Z. 5/ 6). Alle bisher verwendeten Verba stehen, bis auf das „ließ", im Indikativ Perfekt.

So geht es auch zunächst im zweiten Sinnabschnitt der Zeilen 10-13 weiter, wo der Leser erfährt, dass der Bote sich auf den Weg macht und sich „Bahn durch die Menge" (Z. 11/ 12) schafft. Sein Aufbruch wird noch im Perfekt erzählt, ab Z. 11 bis Z. 13 wechselt der Narrator bei den Prädikatskernen ins Präsens. Aber alle Verba stehen noch im Indikativ, auch das Verb des ersten Konditionalsatzes (Z. 12), wo der Bote auftretenden Widerstand mit dem „Zeichen der Sonne" (Z. 12/ 13) überwindet.

Mit dem adversativen „aber" in Z. 13 beginnt der dritte Sinnabschnitt. Schien bis dahin dem Boten der Weg geebnet zu sein durch Niederreißen der „hindernden Wände" (Z. 7) oder durch seine dem Auftrag entgegenkommende körperliche Dispo-sition („ein kräftiger, ein unermüdlicher Mann" (Z. 10/ 11), so suggerierte dies „zu-nächst eine von Hindernissen nicht verstellte Marschroute."[10]

Auch der Narrator bekräftigt das: „er kommt auch leicht vorwärts, wie kein ande-rer" (Z. 13). Mit dem anschließenden „aber" beginnt jedoch „das aporetische Ge-schehen."[11] „Der ins Grenzenlose expandierende Weg" werde „dem Boten zum Ver-hängnis"[11], schreibt B. Neymeyr. Durch die Wahl der ab diesem Sinnabschnitt ein-setzenden Hypotaxe nimmt der Erzähler das Scheitern des Boten vorweg. Viermal häufen sich irreale Konditionalsätze (Z. 14-22): wenn sich freies Feld öffnete, wenn ihm dies gelänge, wenn er endlich aus dem äußeren Tor stürzte.

Der emphatische Aussagesatz „wie nutzlos müht er sich ab" (Z. 16) wird verstärkt durch den zweimal wiederholten Hauptsatz des Konditionalgefüges im Konj. II „nichts wäre gewonnen" (Z. 18/ 19) und durch die zweimalige Inversion des Adverbials „nie-mals", es steht in Anfangs- statt in Endstellung nach dem Verbum: „niemals wird er sie überwinden" (Z. 17) und „niemals, niemals kann (= wird) es geschehen" (Z. 22). Der Indikativ des echten und des sinngemäßen Futurs drückt eine apodiktische Ge-wissheit aus. Der Blick des Erzählers in die Zukunft über den erfolglosen Botenlauf zeigt eine unwiderlegliche, eine unumstößliche Wahrheit.[12]

Der den Sinnabschnitt abschließende Aussagesatz vor dem Gedankenstrich am Ende der Z. 24 „Niemand dringt hier durch und gar nicht mit der Botschaft eines Toten." ist nicht erzähltes Geschehen, sondern ein Kommentar des Narrators zu dem vergeblichen Bemühen des Boten.

Der Erzähler verlässt dann auch den erzählten Ort der „Residenzstadt", der „Mitte der Welt", und wendet sich dem Empfänger der nicht ankommenden Botschaft zu, dem an der Peripherie des Reiches lebenden Untertanen. Der, als fiktives Du ange-sprochen, wartet auf „das herrliche Schlagen" der „Fäuste" (Z. 15) des Boten an seiner Tür. Den letzten Sinnabschnitt bildet die Z. 25 mit dem letzten Satz der Parabel und dem auslegungsbedürftigen Temporalsatz „wenn der Abend kommt." Soll man Abend vordergründig als Zeitangabe verstehen, oder liegt hier ein meta-phorischer Sprachgebrauch vor und der Lebensabend ist gemeint?

Viele Parabeln Kafkas, wie ich sie im Unterricht der gymnasialen Oberstufe behan-delt habe, weisen eine aporetische Struktur auf,[13] wenn ich das aus dem Griechi-schen stammende Wort Aporie richtig verstehe als die „Unmöglichkeit, in einer bestimmten Situation die richtige Entscheidung zu treffen oder zu einer passenden Lösung zu finden".[14]

Etymologisch setzt sich „Aporie" nämlich zusammen aus dem Nomen hò póros: Weg, Pfad, Brücke und einem Alpha privativum, so dass die wörtliche Übersetzung Weglosigkeit oder Ausweglosigkeit bedeutete. Kröners Philosophisches Wörterbuch erklärt daher Aporie auch als „Unmöglichkeit, zur Auflösung eines Problems zu gelangen, weil in der Sache selbst oder in den verwendeten Begriffen Widersprüche enthalten sind."[15]

Von einer aporetischen Konstellation spricht auch Neymeyr.[11] Sie hat in ihrem Beitrag[16] auf die Ähnlichkeit unserer mit einer anderen Parabel verwiesen. „Wie der Mann vom Lande in der Parabel „Vor dem Gesetz" vergeblich in das „Innere" des Gesetzes vorzustoßen versucht, so erweisen sich auch die Bemühungen des Boten, aus dem „innersten" Palast hinauszukommen, um die kaiserliche Botschaft zu über-mitteln, als aussichtslos."[17] „Kafkas „Kaiserliche Botschaft" erweist sich als eine Inversion der Parabel „Vor dem Gesetz", indem sie eine ähnliche Aporie genau mit umgekehrter Richtung inszeniert."[18] Allerdings werde die Aporie hier radikalisiert durch eine auffallende Akkumulation der Negationen mit emphatischer Anfangsstel- lung: „niemals wird er sie überwinden" (Z. 17), „nichts wäre gewonnen" (Z. 18 und 19), „aber niemals, niemals kann es geschehen" (Z. 22) und „niemand dringt hier durch" (Z. 24).

Durch die syntaktische Einbettung in den Irrealis, also den Konj. II, trete die „aporetische Situation des Boten noch deutlicher hervor."[19]

Neymeyr versteht den letzten Satz der Parabel in Z. 25 als „subjektive Vorstellung eines Menschen, der sich, befreit von der rational und funktional organisierten Tageswirklichkeit, in der Dämmerung die kaiserliche Botschaft erträumt." Sie spricht hier sogar von einer existentiellen Aporie.[20]

Das will ich nicht weiter ausführen. Ich verweise bloß auf Kafkas Schopenhauer-Lektüre. Binder schreibt dazu, „von besonderem Interesse sei … der Passus am Ende von Paragraph 17 des zweiten Buches von Schopenhauers Hauptwerk „Die Welt als Wille und Vorstellung". Hier sei von einem von rastlosem Willen beherrsch-ten Mann die Rede, der um ein Schloss herumgehe, vergeblich einen Eingang su-chend."[21] Diese Ausweglosigkeit ist mir aufgefallen.

Sowohl in „Vor dem Gesetz" als auch in „Eine kaiserliche Botschaft" gibt es „ein Ziel, aber keinen Weg."[22] In unserer Parabel scheitert die intendierte Kommu-nikation, die vom Sender auf den Weg gebrachte „Botschaft" erreicht den Empfänger nicht, Kafka lässt den Botenlauf hermetisch erscheinen, also mehrdeutig, schwer verständlich, undurchdringlich und ungreifbar, gleichzeitig aber auch auf geheimnis-volle Weise für das angesprochene Du anziehend, gleich ob dieses nur eine erzählte Figur oder eine Selbstanrede des Dichters oder ob vielleicht der Leser gemeint ist.

Auch wenn die erzählte Figur des Du der Botschaft subjektiv eine existentielle Bedeutung beimisst, damit vielleicht sogar irgend welche traditionellen Heilsvorstellungen verbindet, bleibt festzuhalten, dass der Narrator diese „schließlich im Diffus-Hoffnungslosen entschwinden"[23] lässt. Denn man muss sich, auch bei der textimmanenten Analyse, vor Augen halten, „dass dieser Text einzig die Überbrin-gungsprobleme, die Vermittlungsschwierigkeiten in den Mittelpunkt stellt. Die Frage nach dem Inhaltlichen, nach der Bedeutung der Botschaft, kommt so nie auf."[24]

Wenden wir uns nun dem Kontext der Gesamterzählung „Beim Bau der chinesi-schen Mauer" zu.

Deren Ich-Erzähler berichtet seltsamerweise nicht vom – vollendeten – Bau, son-dern gibt lediglich Einzelheiten, gedankliche Bruchstücke wieder, mit denen er das Fragment, Bruchstück gebliebene Mauerwerk assoziiert. Diese mentalen Einlassun-gen kreisen letztlich um die „Führerschaft", das „Kaisertum" und den Zweck der chinesischen Mauer. Offensichtlich geht es dem Erzähler weniger um den Mauerbau selbst, sondern mehr um dessen Funktion. Die Frage nach seinem Sinn läuft im Ver-lauf der Erzählung auf die

Frage zu, wer die diesen Sinn setzende Instanz ist, auf die Suche also nach einer höchsten Macht, einer letzten Ursache, aus der sich die Zweckrichtung des Mauerbaus begründen ließe. Der Ich-Erzähler nennt sich einen Historiker mit Interesse für vergleichende Völkerforschung. Am untersten Rande einer Hierarchie, deren Spitze scheinbar das Führertum und der Kaiser sind, stehen die Vielen, die sich „erst im Nachbuchstabieren der Anordnungen der obersten Führerschaft ... selbst kennengelernt und gefunden" haben.[25] Dazu gehört auch der den Mauerbau mit bewerkstelligende Erzähler, der wohl ein Mann vom Lande ist, aber von Peking entfernt, fast an der Peripherie lebend, „tausend Meilen im Süden -grenzen wir doch schon fast ans tibetanische Hochland."[26] Diese entrückte Stellung relativiert seine Glaubwürdigkeit als Erzähler und erklärt seine aus der Distanz zu einer Zentralinstanz herrührende eingeschränkte Sichtweise oder seine beschränkte Verstehensmöglichkeit. Sein jetziger „Bericht"[27] liegt, was die erzählte Zeit betrifft, wesentlich später als das Werkeln am Teilbau der Mauer, mit dem „man sich damals begnügte."[27] Der Bau, aus unzusammenhängenden Teilbauten bestehend, mit vie-len Lücken, bleibt ein unvollendetes Werk. Ob „die chinesische Mauer an ihrer nörd-lichsten Stelle beendet worden" ist oder ob es „Lücken" gibt, „die überhaupt nicht verbaut worden sind"[28], weiß der Erzähler nicht genau, da infolge der „Ausdehnung des Baus" viele „Legenden ... um den Bau entstanden sind."[28]

Um dergleichen Paradoxien kreisen nahezu alle Ausführungen des Ich-Erzählers. Er ist ein bescheidener Mensch, der von sich sagt: „Die Grenzen, die meine Denk-fähigkeit mir setzt, sind ja eng genug, das Gebiet aber, das hier zu durchlaufen wäre, ist das Endlose."[29] Immerhin hat der Ich-Berichterstatter herausgefunden, „dass wir Chinesen gewisse ... staatliche Einrichtungen in einzigartiger Klarheit, andere wieder in einzigartiger Unklarheit besitzen."[29] Und: „Und zu unseren allerundeutlichsten Einrichtungen jedenfalls" gehöre „das Kaisertum. In Peking natürlich ... besteht darüber einige Klarheit, wiewohl auch diese eher scheinbar als wirklich ist."[30] Nur dem Kaiser gelte das Denken des Volkes. „Aber nicht dem gegenwärtigen; oder viel-mehr es hätte dem gegenwärtigen gegolten, wenn wir ihn gekannt, oder Bestimmtes von ihm gewusst hätten."[31] „Das Kaisertum" sei „unsterblich, aber der einzelne Kaiser fällt und stürzt ab, selbst ganze Dynastien sinken endlich nieder und veratmen durch ein einzelnes Röcheln."[32] Eine Sage drücke das Verhältnis des Kaisers zum Volk aus – es folgt in der Erzählung die Parabel „Eine kaiserliche Botschaft".

„Genau so", fährt der Ich-Erzähler danach fort, „so hoffnungslos und hoffnungsvoll sieht unser Volk den Kaiser. Es weiß nicht, welcher Kaiser regiert, und selbst über den Namen der Dynastie bestehen Zweifel."[33] Der Umgang des Volkes mit seinen Kaisern zeugt nicht gerade von Sorgfalt: „Längst verstorbene Kaiser werden in unseren Dörfern auf den Thron gesetzt, und der nur noch im Liede lebt, hat vor kurzem eine Bekanntmachung erlassen, die der Priester vor dem Altar verliest. ... So verfährt also das Volk mit den vergangenen, die gegenwärtigen Herrscher aber mischt es unter die Toten."[33] Der Erzähler kommt zu dem Schluss: „Wenn man aus solchen Erscheinungen folgern wollte, dass wir im Grunde gar keinen Kaiser haben, wäre man von der Wahrheit nicht weit entfernt."[34]

Die Folge dieser Auffassungen über die Herrschaft sei „ein gewissermaßen freies, unbeherrschtes Leben", „keineswegs" ein sittenloses, „aber doch ein Leben, das unter keinem gegenwärtigen Gesetz steht und nur der Weisung und Warnung gehorcht, die aus alten Zeiten zu uns herüber reicht."[35]

Auf die Gesetzlosigkeit gehe ich später noch ein. Verschuldet sei sie hauptsächlich „von der Regierung …, die im ältesten Reich der Erde bis heute nicht imstande war oder die über anderem vernachlässigt, die Institution des Kaisertums zu solcher Klarheit auszubilden, dass sie bis an die fernsten Grenzen des Reiches unmittelbar und unablässig wirke."[35]

Mit der Regierung kann der Narrator im Kontext der Gesamterzählung nur die „Führung", die „oberste Führerschaft"[36] meinen, die noch über dem Kaiser steht, im Ganzen aber ähnlich amorph wie dieser bleibt. Die Führer befinden sich in einer „Stube" – „wo sie war und wer dort saß, weiß und wusste niemand, den ich fragte."[36] Sie muss schon seit ewigen Zeiten bestanden haben, denn sie „bestand … wohl seit jeher und der Beschluss des Mauerbaues gleichfalls. Unschuldige Nordvölker, die glaubten, ihn verursacht zu haben, verehrungswürdiger, unschuldiger Kaiser, der glaubte, er hätte ihn angeordnet. Wir vom Mauerbau wissen es anders und schweigen."[37]

Am Ende des Erzählfragmentes, beim Nachdenken über die mögliche Annahme einer causa prima für den eigentlich unzweckmäßigen Mauerbau, der von der Füh-rerschaft aber dennoch als „Teilbau"[36] angeordnet wurde, nennt der Erzähler einen weiteren Grund für den agonalen Zustand des Kaisertums. Er liege in der „Schwäche" des Volkes, „welches nicht dazu gelangt, das Kaisertum aus der Pekinger Versunkenheit … an seine Untertanenbrust zu ziehen, die doch nichts besseres will, als einmal diese Berührung zu fühlen und an ihr zu vergehen."[38]

In der Parabel war die Kommunikation zwischen dem Einzelnen und dem Kaiser nicht zustande gekommen, die Hoffnung des Untertanen auf die für ihn bestimmte kaiserliche Botschaft hatte sich als vergeblich und aussichtslos erwiesen. Ob sie von einem „illusionären Glauben an seine Auserwähltheit"[39] hervorgerufen war, will ich hier nicht entscheiden. Das führte auf die Pfade einer textexternen, einer religiösen Deutung. Jedenfalls „potenziert sich" dieses Problem „im Gesamttext der chinesi-schen Mauer zur Problematik der Kommunikation zwischen ‚Volk' und ‚Führung'."[40]

Diese Zusammenhänge hat der Ordinarius für Neuere Deutsche Literatur an der Universität Freiburg i. Br. Jochen Schmidt in einem 2003 bei Reclam erschienenen Band untersucht.[41] Er vertritt die Auffassung, hier beim Bau werde „ein kollektiver Sinnstiftungsbetrieb in Gang gesetzt", „weil dem einzelnen Menschen die Arbeit an seinem „Teil" als sinnlos erscheinen müsste, wenn ihm nicht das Gefühl vermittelt würde, dass er damit an einem Ganzen mitwirkt."[42]

Auch wenn dieses Gefühl auf der „Illusion" beruhe, „an einem auf Vollendung zielenden und sich zu einer Ganzheit zusammenschließenden Werk mitzuarbeiten", diene der ganze Bau der „Konstitution … von kollektivem Sinn."[43] Der Mauerbau scheine allen daran Beteiligten, also auch dem Ich-Erzähler, das Bedürfnis zu ver-mitteln, „seinen Sinn als a priori gegeben und als unhinterfragbar zu statuieren."[44]

Weil der Kaiser als solcher daher lediglich ein dem Autoritäts- und Legitimitäts-bedürfnis geschuldetes Phantom sei, sei dieser „imaginäre Kaiser eine Metapher für eine autoritative Letztbegründung, für eine sinnverleihende Legitimation der Lebens-ordnung."[45] Dieses Bedürfnis, von dem Schmidt spricht, taucht in der Parabel in der Tätigkeit des Erträumens auf. Die Erbauer der chinesischen Mauer, das Volk und auch der Ich-Erzähler, leben demzufolge in einem Staat, der „unter keinem gegenwärtigen Gesetz steht und nur der Weisung und Warnung gehorcht, die aus alten Zeiten zu" ihnen herüberreichen.[35] Diesen Zustand betrachten sie aber als sakrosankt, denn keiner macht den Versuch, ihn zu hinterfragen. Auch der Narrator schreckt davor zurück. Er sagt:

„Damals war es geheimer Grundsatz vieler, und sogar der Besten: Suche mit allen deinen Kräften die Anordnungen der Führerschaft zu verstehen, aber nur bis zu einer gewissen Grenze, dann höre mit dem Nachdenken auf."[46]

J. Schmidt äußert in seiner Abhandlung den Gedanken, als überlieferte und geglaubte Autoritäten fungierten Führerschaft und Kaiser „unterschwellig als Ersatz-instanzen für die verlorene Transzendenz."[47] Jedenfalls haben diese beiden Institutionen eine so existentielle Bedeutung, dass dem Erzähler „einen Tadel" daran ausführlich zu begründen fast wie eine subversive Tätigkeit vorkäme, denn das hieße, „nicht an unserem Gewissen, sondern, was viel ärger ist, an unseren Beinen zu rütteln."[38] Meinte Kafka mit diesem Bild, dass dem Volk sonst der Boden unter den Füßen weggezogen würde? „Darum", das ist der letzte Satz, den der Erzähler sagt, „will ich in der Untersuchung dieser Frage vorderhand nicht weitergehen."[38]

Schmidt greift wiederholt die Gesetzlosigkeit auf, er nennt sie „Anomie"[48]; sie resultiere, behauptet er, „aus der Überlebtheit der alten Ordnung einerseits und dem Ausbleiben neuer, als verbindlich erfahrener Ordnungsvorstellungen andererseits."[47] Er kommt zu dem Schluss: „Es gibt keine Letztbegründung. Leben selbst heißt: ohne Rechtfertigung, ohne „Sinn" leben. Es heißt aber auch: das Leben immer von neuem, mit – illusionären – Rechtfertigungen unterbauen, weil das Bedürfnis danach unaufhebbar ist."[49]

Kehren wir nach dieser Exkursion in das Reich der Mitte wieder zurück zu der Parabel.

Das kontextuelle Hintergrundwissen stand meinen Schülern nicht zur Verfügung. Von daher schien sich zunächst jeder Versuch einer textexternen Deutung zu erübrigen. Wenn ich von der meinen Oberstufenschülern vermittelten Parabelerklä-rung ausgehe, wird auch in der Bildhälfte von „Eine kaiserliche Botschaft" ein konkreter Einzelfall erzählt, der zum einen ärgerlich ist, weil die ausgesandte Botschaft nicht ankommt, und zum anderen, weil der, für den die Botschaft bestimmt ist, dennoch auf sie wartet. Sinnerschwerend kommt hinzu, dass der Ich-Erzähler die Parabel eine Sage nennt, die das Verhältnis des Kaisers zum Volk „gut" aus-drücke[50], und sie im Nachsatz paradox kommentiert, so, zugleich „hoffnungslos und hoffnungsvoll", sehe das „Volk den Kaiser"[51].

Gleichwohl lässt sich das Widersprüchliche, Vieldeutige aus der Bildhälfte vereindeutigen und das Bildlich-Vordergründige auf das eigentlich Hintergründige reduzieren. Eine wesentliche Eigenart der Kafka-Parabeln, deren Gemeintes zu ent-schlüsseln dem Analogieschluss obliegt, ist: „Die Vergleichbarkeit des tatsächlich Erzählten mit dem eigentlich Gemeinten muss nicht in allen Einzelheiten gegeben sein, sondern besteht in einem zentralen Punkt (Tertium comparationis)."[52]

Wir haben daher nicht für alle Teile der Bildhälfte eine Entsprechung in der Sachhälfte gesucht, sondern das Gemeinte auf e i n e n Punkt konzentriert. Das Tertium comparationis der Parabel „Eine kaiserliche Botschaft" haben wir als gescheiterte, misslungene, nicht zustande gekommene Kommunikation bestimmt.

Natürlich weiß ich, dass eine werkimmanente Sichtweise nicht voll befriedigt. Das beginnt schon mit dem Dativobjekt „dir" des ersten Satzes, dem angesprochenen DU, das vordergründig ebenso erzählte Figur ist wie der Kaiser oder der Bote. Im Unterricht ergaben sich daraus interessante interpretatorische Überlegungen.

Wer ist das Du? Einige Schüler meinten: ich, der jeweilige Leser, warte sehnsuchtsvoll auf eine Botschaft. Derart leserorientiert schloss sich an diese mehr wirkungsorientierte Richtung auch die Frage an, ob das Du nach der misslungenen Übermittlung der

Botschaft in Verzweiflung zurückbleibe oder gar den Tod finde. Oder ob der intendierte Empfänger weiter träume, dann einschlafe und am anderen Morgen unberührt zum Alltagsgeschehen übergehe. Andere hoben mehr die Allgemeingültigkeit hervor, die Menschen in ihrer Gesamtheit seien angesprochen. Wieder andere glaubten in dem Du eine in einen fiktionalen Text eingebaute Selbstanrede Kafkas zu sehen, also eine kryptische Ich-Aussage nicht des Narrators, sondern des Dichters.

Es gab auch Festlegungen auf die Identität des Kaisers mit Gott und der „Bot-schaft" mit der ‚frohen Botschaft' (griech. tò euaggélion: die Freuden- oder Heils-botschaft, das Evangelium), daraus folgte, dass der Bote ein Engel (hò ággelos, gesprochen: ángelos) sein müsse. Das sehnsuchtsvolle Träumen wurde dann erklärt mit der fehlenden Glaubensgewissheit infolge der nicht bei den Menschen ange-kommenen Botschaft des Evangeliums oder der Gottesferne der in die „fernste Ferne" geflüchteten Menschen.

Auch das Pawlatschen-Erlebnis Kafkas[53] kam im Unterricht zur Sprache als frühe Ursache für dessen Vater-Sohn-Konflikt. Allerdings erfolgte bei dieser psycho-logischen bzw. biographischen Deutung wieder eine frühe Festlegung: der Kaiser stehe für Kafkas Vater. Die erwartete und erträumte Botschaft musste dann zwangs-läufig die väterliche Anerkennung und das Empfinden familiärer Wärme sein, deren Ausbleiben bei dem autoritären Erziehungsstil des Vaters Hermann Franz Kafka ja in dem „Brief an den Vater" als Kindheitserinnerung wiedergegeben hat. Dort heißt es nämlich, und diese Analogie ist einleuchtend: „Ich verkroch mich vor dir und wagte mich erst zu regen, wenn ich so weit von dir entfernt war, dass deine Macht, wenigstens direkt, nicht mehr hinreichte."[54]

Man sieht an diesen mannigfachen, interessanten Deutungsversuchen, dass sie wohl in der Lage sind, die einengende Perspektive der textimmanenten Interpretation etwas aufzulockern. Allerdings kann ich eine rein historische oder soziologische Sicht nicht ganz nachvollziehen, die im Kaiser den Staat sieht und als Tertium compa-rationis die Heimatlosigkeit des sozial, politisch und ethnisch nicht integrierten Dich-ters annimmt.

Wahrscheinlich liegt die Wahrheit auch bei dieser Frage in der Mitte zwischen einer entweder zu eng oder zu weit angelegten Untersuchungsweise, eine nicht so ganz einseitige könnte die von mir bevorzugte textimmanente Betrachtung partiell sinnvoll ergänzen.

Zum Schluss muss ich noch die Frage beantworten, wie ich im Unterricht mit den verschiedenen Deutungen umgegangen bin. Die Antwort ist, ich habe sie nicht verschwiegen, sondern zum Inhalt eines Unterrichtsgespräches gemacht. Dabei haben sich unter den divergierenden Auslegungen vor allem zwei Tendenzen ge-zeigt.

Schon Werner Zimmermann hatte sich eindeutig festgelegt: „Der Kaiser mag ... für Gott, den Herrn und die Mitte der Welt, gelten, der alles daran setzt, dem Menschen Kunde von sich zu geben; aber diese Botschaft erreicht ihn nie, weil er „in die fernste Ferne", die Gottesferne geflüchtet ist und weil der „Bodensatz" der Welt die Botschaft nicht rein zu erhalten vermag, zumal es die Botschaft eines Toten ist.

So scheint sich denn im Hintergrund dieser Parabel die Situation des Menschen abzuzeichnen, dessen Leben, wie es im Anschluss an diese „Sage" im „Bau der chinesischen Mauer" heißt, „unter keinem gegenwärtigen Gesetze steht und nur der Weisung und Warnung gehorcht, die aus alten Zeiten zu uns herüberreicht", der aber doch von einem schmerzlichen Verlangen nach diesem „Gesetz" erfüllt ist, oder anders gesagt: die Situation des Menschen, für den Gott tot ist und der doch von tiefer Unruhe zu Gott ergriffen ist."[55]

Schlingmann tendiert letztlich auch zu einer religiösen Deutung, auch wenn er mehr den appellativen Zug der Parabel hervorhebt: „Es ist keine Botschaft (an den Leser) … unterwegs, und sein sehnsüchtiges Träumen am Fenster lenkt ihn nur ab von der Aufgabe, sich selbst auf den Weg zu machen und – um mit einer anderen Parabel Kafkas, mit einer Legende statt einer Sage zu antworten – den nur für ihn bestimmten Eingang in das „Gesetz" seines Lebens zu finden."[56]

Jochen Schmidt hebt mehr die latente Sehnsucht hervor, wenn er schreibt, „von der dennoch fortwirkenden Sehnsucht nach einem „gegenwärtigen", erfahrbaren „Gesetz" zeugt die in die Erzählung eingefügte Parabel."[57] Deren „Schlusssatz … al-lerdings, der von dem Du spricht, das sich die kaiserliche Botschaft ‚erträumt', scheint zugleich auf eine unaufhebbare existentielle Dimension des seelischen Bedürfnisses nach der ‚kaiserlichen Botschaft' zu deuten: „Du aber sitzt an deinem Fenster und erträumst sie dir, wenn der Abend kommt."[58]

Letztlich bestätigen auch die jüngsten Forschungsergebnisse, auf die ich zurückgegriffen habe, nur Hartmut Binders Auffassung aus dem letzten Jahrhundert, nachzulesen in seinem Kafka-Handbuch, Kafka wolle durch die Parabelform „seine metaphysischen Sehnsüchte und religiösen Zweifel ausdrücken."[59]

Dass es keine objektiv „richtige" Interpretation der Parabel geben kann, hat auch Barbara Neymeyr betont, wenn sie sagt, die von ihr nachgewiesene „existentielle Aporie" erweitere sich „schließlich zu einer hermeneutischen."[60]

Kafka selbst bekannte am 29. Oktober 1921, wenige Jahre vor seinem Tod, in einer Tagebucheintragung: Das „Grenzland zwischen Einsamkeit und Gemeinschaft habe ich äußerst selten überschritten, ich habe mich darin sogar mehr angesiedelt als in der Einsamkeit selbst. Was für ein lebendiges schönes Land war im Vergleich hierzu Robinsons Insel."[61]

Wer sich schnell einen Überblick verschaffen möchte, dem empfehle ich „Kafka für Eilige".[62]

Im Unterricht sind wir übrigens zu folgendem Tafelbild gekommen:

<u>Bildhälfte</u>	<u>Sachhälfte</u>	
		a. Gott?
der Kaiser	Sender	b. Kafkas Vater?
hat		
dir		a. Menschen allgemein?
eine Botschaft gesandt	Empfänger	b. ich als jeweiliger Leser?
		c. kryptische Selbstanrede?
der Bote		
macht sich auf den Weg,		
erreicht aber durch Widerstände		
nicht sein Ziel		
das DU wartet vergeblich	Kommunikation	Grund für die nicht erfolgte
auf die ersehnte Botschaft	ist gescheitert	Kommunikation ist Distanz
		des Senders zum Empfänger

Die Erklärungen in der Sachhälfte sind abhängig vom jeweils gewählten Deutungsan-satz, der religiös, biographisch oder rezeptionsästhetisch ausgerichtet sein kann.[63]

Ich habe an anderer Stelle schon gesagt, dass ich bei meiner durchgeführten Unterrichtsreihe mit Kafka-Parabeln natürlich nur die Sekundärliteratur in meine Vorbereitung einfließen lassen konnte, die mir derzeit zur Verfügung stand. Ich habe mich aber später auch weitergebildet, und dabei habe ich mich an zwei Werken ganz besonders delektiert. Da mich die betreffenden Stellen ungemein ergötzt haben, will ich sie meinen Lesern nicht vorenthalten.

In dem Jahraus-Kapitel „Motivkomplexe des Schreibens" behauptet der Verfasser, die Parabel thematisiere „die Unmöglichkeit von Schriftverkehr."[64] Das mag ja noch angehen, wenn man die dem Boten ins Ohr geflüsterte Botschaft zu einer schriftlichen Kommunikation erweitert. Aber derselbe Autor behauptet auch, „dem Einzelnen, der vom Erzähler mit <Du> angesprochen wird, wird vom Kaiser eine Botschaft übergeben. Ihm gelingt es jedoch nicht, die Botschaft zu überbringen, weil der Palast so groß ist, dass die Unendlichkeit des Raumes nicht (mehr) überwunden werden kann."[64] Weiter unten heißt es, „der Einzelne" [komme] nicht aus dem Palast heraus."[65]

Bei dieser Deutung hat der Schreiber den Boten mit dem Einzelnen zusammenwachsen lassen und übersehen, dass Kafka zwei erzählte Figuren auftreten lässt, nämlich den Boten und den mit „dir" und „du" angeredeten Einzelnen, der, „in die fernste Ferne" geflüchtet, am „Abend" an seinem „Fenster" sitzend, sich die mündliche Botschaft erträumt.

Wer den Wortlaut der Parabel vor Augen hat, wird ob dieses „Reitersprunges der Phantasie" (Federico Garcia Lorca) schmunzeln.

Auf den Boden der erzählten Wirklichkeit zurück führt dann der geistige Vater des „ewigen Sohnes" mit dem richtigen Hinweis: „Die Botschaft, die der auf dem Sterbe-bett liegende Kaiser einem ausgewählten Boten übermittelt, ... soll den >winzigen< Untertan am Rande des Machtzentrums ... erreichen."[66] Richtig ist auch Peter-André Alts Feststellung, „der Adressat der Botschaft und der Leser der Parabel" ver-schmölzen, „insofern sie Unwissende bleiben, die das Geheimnis der Nachricht niemals erschließen dürfen."[67] Rätselhaft bleibt mir jedoch Alts Anspielung auf die innenpolitische Lage in der k. u. k.-Monarchie wegen der Annäherung des neuen Kaisers an die nationalkonservativen Parteien. Mit Kopfschütteln habe ich auch die textexterne Deutung gelesen, das Ankämpfen des Parabel-Boten gegen die mannig-fachen Hindernisse erwiesen „ sich als Metapher für die verfahrene militärische Lage, in welche die österreichischen Truppen nach vorübergehenden Erfolgen im zweiten Kriegssommer zu Beginn des Jahres 1917 geraten waren."[68] Kopfschütteln hätte bei meinen Schülern auch die autoreflexive Interpretation hervorgerufen, der vergeb-liche Weg des Boten entspreche „dem Schriftsteller, der in den verwirrenden Ordnungen seines Manuskripts eine Bahn des Gelingens sucht." Wie der mit den Widerständen ringende Bote warte „der Autor in Phasen geminderter Produktivität vergebens auf den Strom, der ihn durch die Widrigkeiten seines Vorhabens bis zum Ende des Textes fortträgt."[68]

Anmerkungen

1) Franz Kafka, Beim Bau der chinesischen Mauer, _in_: Max Brod (Hrsg.), Franz Kafka, Beschreibung eines Kampfes, Fischer: Frankfurt/ M. o. J. (1964), S. 59 f.
und _in_: Paul Raabe, Franz Kafka, Sämtliche Erzählungen, Fischer: Frankfurt/ M 1970, S. 138 f.
2) Editionen für den Literaturunterricht, hg. v. Dietrich Steinbach: Peter Beicken, Franz Kafka. Leben und Werk, Klett: Frankfurt/ M.1986, S. 106
3) Literaturwissen für Schule und Studium: Carsten Schlingmann, Franz Kafka, Reclam: Stuttgart 1995, S.123
4) Schlingmann, S. 124
5) Hartmut Binder, Kafka-Handbuch. Band 2: Das Werk und seine Wirkung, Kröner: Stuttgart 1979, S. 324
6) Anregungen für den Literaturunterricht, hg. v. Dietrich Steinbach: Peter Bekes, Verfremdungen. Parabeln von Bertolt Brecht, Franz Kafka, Günter Kunert, Klett: Stuttgart 1988, S. 20
7) Barbara Neymeyr, Eine kaiserliche Botschaft, _in_: Interpretationen: Franz Kafka. Romane und Erzählungen, hg. v. Michael Müller, Reclam: Stuttgart 2003, S. 346
8) Beicken, S. 114
9) Schlingmann, S. 125
10) Neymeyr, S. 348
11) Neymeyr, S. 348
12) Wahrig. Fremdwörterlexikon von Renate Wahrig-Burfeind, Wissen Media Verlag: Gütersloh/ München (vorm. Bertelsmann Lexikon Verlag) 2004, S. 71
13) Lesebuch. Vom Barock bis zur Gegenwart. Lehrerband, bearb. v. Hanns Frericks u. a., Klett: Stuttgart 1987, S. 288 _und_: Bekes, S. 15
14) Der Große Duden in 10 Bänden. Band 5: Fremdwörterbuch, Bibliographisches Institut: Mannheim 1966, S. 61
15) Philosophisches Wörterbuch, begr. v. Heinrich Schmidt, neu bearb. v. Georgi Schischkoff, Kröner: Stuttgart 1978, S. 32
16) Neymeyr, S. 346-352
17) Neymeyr, S. 347
18) Neymeyr, S. 349
19) Neymeyr, S. 349
20) Neymeyr, S. 350
21) Binder, S. 443
22) Franz Kafka, Hochzeitsvorbereitungen auf dem Lande, _in_: Franz Kafka, Sämtli-che Werke, Verlag Zweitausendeins: Frankfurt/ M. 2004, S. 624
23) Neymeyr, S. 346
24) Beicken, S. 115
25) Franz Kafka, Beim Bau der chinesischen Mauer, _in_: Max Brod (Hrsg.), Franz Kafka. Beschreibung eines Kampfes, Fischer: Frankfurt/ M. o. J. (1964), S. 55
26) Brod, S. 58
27) Brod, S. 56
28) Brod, S. 51
29) Brod, S. 57
30) Brod, S. 57 f.
31) Brod, S. 58

32) Brod, S. 59

33) Brod, S. 60

34) Brod, S. 61

35) Brod, S. 62

36) Brod, S. 55

37) Brod, S. 57

38) Brod, S. 62

39) Schlingmann, S. 125

40) Meurer, S. 81

41) Jochen Schmidt, Beim Bau der chinesischen Mauer, in: Interpretationen: Franz Kafka. Romane und Erzählungen, hg. v. Michael Müller, Reclam: Stuttgart 2003,   S. 353-372

42) Schmidt, S. 356

43) Schmidt, S. 357

44) Schmidt, S. 364

45) Schmidt, S. 369

46) Brod, S. 55 f.

47) Schmidt, S. 364

48) Schmidt, S. 369

49) Schmidt, S. 370

50) Brod, S. 59

51) Brod, S. 60

52) Blickfeld Deutsch. Lehrerband, hg. v. Mettenleiter/ Knöbl, Schöningh: Paderborn 1992, S. 326

53) Beicken, S. 27-32

54) Franz Kafka, Brief an den Vater, in: Max Brod (Hrsg.), Franz Kafka, Hochzeitsvorbereitungen auf dem Lande und andere Prosa aus dem Nachlass, Fischer: Frankfurt/ M. o. J. (1964), S. 129

55) Werner Zimmermann, Deutsche Prosadichtungen unseres Jahrhunderts. Interpretationen für Lehrende und Lernende. Teil 1, Schwann: Düsseldorf 1971, S. 207

56) Schlingmann, S. 126

57) Schmidt, S. 354

58) Schmidt, S. 371

59) Binder, S. 58

60) Neymeyr, S. 350

61) rezitiert nach: Literaturlexikon. Autoren und Begriffe in sechs Bänden. Mit dem Besten aus der ZEIT. Band 2, Metzler: Stuttgart 2008, S. 553

62) Karla Reimert, Kafka für Eilige, Aufbau-Taschenbuchverlag: Berlin 2003

63) wer „literarische Rätselspiele" liebt, wird fündig in einem textexterne Deutungen, nämlich biographische, psychoanalytische und sozialgeschichtliche vermengenden Kapitel in einer neuen Kafka-Monographie:
Peter-André Alt, Franz Kafka. Der ewige Sohn. Eine Biographie, Beck: München ²2008, S. 510-517

64) Oliver Jahraus, Kafka. Leben, Schreiben, Machtapparate, Reclam: Stuttgart 2006, S. 360

65) Jahraus, S. 361

66) Alt, S. 515

67) Alt, S. 516

68) Alt, S. 517